अल्फ़ाज़

आवाज़ मन की

पूजा पाण्डेय (SUमाक्षिKA)

ISBN 979-888606174-1

ॐ श्री गणेशाय नमः

मैं अपनी प्रथम काव्य पुस्तक के प्रकाशन के लिए सर्वप्रथम अपने इष्ट देव गोल्ज्यू , गनगनाथज्यूँ, राजा रघुनाथ जी व अन्य सभी देवी देवताओं को नमन करती हूँ । धरती पर ईश्वर के स्वरूप अपने माता पिता को नमन करती हूं । सभी आदरणीय गुरुजनों व अपने सहयोगी, मार्गदर्शक और दोस्तों को धन्यवाद व्यक्त करना चाहती हूँ। मैं अपने पति श्री सुशील गैरोला जी का भी मेरी कविताओं के संकलन और प्रस्तुतिकरण करने के लिए विशेष आभार व्यक्त करना चाहूंगी ।आप सभी के सहयोग और मार्गदर्शन के बिना इस पुस्तक को प्रकाशित करना सम्भव नही था । 'अल्फ़ाज़ ' काव्य पुस्तक के प्रकाशन में सहयोग देने के लिए में Notion press संस्था का हृदय से अभिनन्दन और हार्दिक धन्यवाद करती हूँ।

धन्यवाद

क्रम-सूची

क्रम-सूची

धन्यवाद

प्रस्तावना

अल्फाज़

'अल्फाज़' एक उर्दू शब्द है । इस पुस्तक का नाम 'अल्फाज़' रखा गया है क्योंकि अल्फाज ही आज हमारी हर अभिव्यक्ति का माध्यम है। बिना शब्दों के कोई भी बात व्यक्त नहीं की जा सकती ।पहले के समय में लोग अपने विचार हाव भावों के साथ व्यक्त करते थे।

आज भी हम हावभाव के माध्यम से बहुत सी बातों को समझ सकते हैं परंतु यदि व्यक्ति कहीं दूर बैठकर किसी पुस्तक को पढ़ रहा है, तो उसे अल्फाजों की जरूरत होती है । अल्फाजों के बिना किसी भी बात को, किसी भी भावना को व्यक्त करना संभव नहीं हो पाता। यदि कोई व्यक्ति क्रोध में होता है ,तो वह अल्फाजों के माध्यम से अपना क्रोध व्यक्त करता है और कुछ हाव-भाव भी रखता है । कोई व्यक्ति प्रेम में होता है ,तो इसी प्रकार के भाव व्यक्त करता है। कोई व्यक्ति किसी बात से दुखी होता है, तो वह उसी दुखी भाव से अपने अल्फाजों को व्यक्त करता है।

इस प्रकार व्यक्ति के जीवन में अल्फाज़ बहुत ही महत्वपूर्ण भूमिका निभाते हैं ।अगर अल्फाज़ ना होते तो हम किसी को अपनी बात पूरी तरह नहीं बता पाते ।जैसे जानवर जो बिना अल्फाज़ के आवाज़ों के माध्यम से हमें थोड़ी बात तो समझा देते हैं परंतु यदि उन्हें पीड़ा हो तो वह उसका एहसास हमें नहीं करवा पाते । कोशिश करने पर थोड़ी बहुत जानकारी हमें दे देते हैं। बचपन में जैसे बच्चा अपने माता- पिता को रोकर, हंसकर या खुश होकर अपने भाव व्यक्त करके अपनी बात को समझाने की कोशिश करता है । तो माता-पिता उसके हर एहसास को समझ लेते थे ,परंतु जब वह बड़ा होता है तो उसे अल्फाजों का सहारा लेना पड़ता है और अपनी बातों को समझाना पड़ता है। ऐसा नहीं है कि अल्फाज़ एहसास के बिना पूरे हैं। बस बात इतनी है कि एहसास को अल्फाज़ पूरा करते हैं।

भूमिका

❧❧❧

Quote###एक किताब है जिंदगी
जिसमे कई पन्ने हैं,
उनमे हर दिन हम कुछ न कुछ लिखते हैं।
और भूल जाते हैं नए की चाह में पुरानों को,
और इसी में बन जाती है जिंदगी
और हम बन जाते हैं कलाकार।

❧❧❧

Quote###हैसियत से ज्यादा
लेने की ख्वाहिश थी जब से,
तब से मैने रिश्तों को भुला दिया।
और जब उस हैसियत तक पहुँचा
तब रिश्तों की ख्वाहिश की,
पर याद आया इस हैसियत के लिये
ही तो मैंने रिश्तों को था मिटा दिया।

पावती (स्वीकृति)

आमुख

मेरा नाम पूजा पाण्डेय हैं । मैं उत्तराखंड के देहरादून जिले में रहती हूँ। लेखन हमेशा ही मेरा प्राथमिक शौक रहा है , सुमक्षिका नाम से मैं अपना लेखन कार्य करती हूँ। वर्तमान समय में मैं देहरादून के एक निजी विद्यालय में हिन्दी अध्यापिका के पद पर कार्यरत हूँ। मैं प्रतिलिपि से भी जुड़ी हूँ,जहां पर मैंने बहुत सी कहानियाँ और कविताएँ लिखी हैं । मैं उड़डयन केअर नामक संस्था से भी जुड़ी हूँ, जिसमें मैं एक स्वतन्त्र सहायक के तौर पर काम करती हूँ । बच्चों को पढ़ाना और उनका मार्गदर्शन करना मुझे अच्छा लगता है ।मैं एक यूट्यूब चैनल भी संचालित करती हूँ जिसमें मैं विभिन्न विषयों को पढ़ाती हूँ । मुझे सीखना और सिखाना पसन्द है।

चल रास्ते मे तू ऐ मानुष, मुश्किलें आएंगी तो सही
एकदिन गूँजेगी हर एक दिशा बस तेरे ही नाम से ।।

आप मुझसे इन माध्यमों से सम्पर्क कर सकते हैं :-
Email id - supooja95202@gmail.com
Facebook- Zesty Pooja Pandey
Instagram- pooja pandey

1. मेरी जिंदगी की भोर मेरी माँ

जिसकी दुआओं मे
रब बसता है ,
जिसकी लोरी सुनने को
ये दिल तरसता है ।
जो खुद भूखी रह
प्यार से खिलाती है मुझको ,
अपने गमो को छुपा
चुप कराती है मुझको ।
कभी मारती नहीं
बस प्यार करती है
गले से लगाकर
बहुत दुलार करती है ।
ये कोई और नहीं
यही तो मेरी माँ है
जिसके कदमो के नीचे
मेरी जन्नत मेरा जहान है ।

2. हे ईश ! मुझे समझा दो

हे ईश! तुम हो किसके,
एक बार मुझे बतला दो।
दुनिया का दस्तूर है क्या,
ये बात मुझे समझा दो।
नारी को पूजा था जब ,
कन्या रूप में तुमने।
फिर क्यों अछूत कहकर,
अपमान किया है जग ने।

क्यों ब्रह्मचारी अयप्पा जी की,
पूजा नही कर सकती नारी।
ये बात मुझे बतला दो ।
ये बात मुझे बतला दो ।
हे ईश! तुम हो किसके,
एक बार मुझे बतला दो।
दुनिया का दस्तूर है क्या,
ये बात मुझे समझा दो।
चेतन मन अवचेतन में,
छिन्न भिन्न सा हो रहा ।
क्यों नारी के जननी रूप का,
यहाँ अनादर हो रहा।
अछूत है अगर नारी तो ,
तुम भी तो उससे ही जन्मे हो।
क्या तुम हो अछूत नहीं ,

ये बात मुझे समझा दो ।
हे ईश !तुम हो किसके,
एक बार मुझे बतला दो।
दुनिया का दस्तूर है क्या,
ये बात मुझे समझा दो।
राधा कृष्ण के नाम में,
भी पहले आती है नारी।
जननी ,प्रेमी ,जगदम्बा हर रूप में ,
पूजनीय है नारी।
फिर श्रेष्ठ हे मानव तुम,
कहकर खुद को अहंकार दिखलाते हो ।
हे ईश तुम हो क्या बस ,
पुरुष के ये बात मुझे समझाते हो ।
हे ईश! तुम हो किसके,
एक बार मुझे बतला दो।
दुनिया का दस्तूर है क्या,
ये बात मुझे समझा दो।

3. कविता

एक कविता कलम से निकली,
और पृष्ठ पर अंकित हो गयी।
काली स्याही के रूप में,
कुछ भावनाओं सहित अवतरित हो गयी।
विचाराधीन वक्तव्यों से सजी ,
भूत भविष्य वर्तमान का साज लिए ।
किसी की कलम से प्रेमी, समाज सुधारक ,
तो किसी कलम से क्रांतिकारी, विप्लव के रूप जिये।
चल रही है कविता की धारा ,
हजारों लाखों करोड़ों शब्दों का संसार लिए।
और कभी चल रही ,
बस एक पंक्ति में ही सार लिए।
कुछ लेती नही है हमसे पर दे देती अक्षुण ज्ञान है,
भावुकता से भरी कलम हर दिल की जान है।
कवि से कविता नही, कविता से कवि है।
इसके बिना तो रस नही जीवन मे,
न ही संगीत न ही महफिलों में जान है ।
हे! मेरी प्रिये कविता तुम हर रूप को ले लेना,
रस, छंद अलंकार के हर गुण को समाहित कर बहती रहना
देती रहना जीवन भाषा के अपार संसार को,
कविता तुम कविता बनकर कविता में ही खुद को जीती रहना ।

4. एक हथिनी

एक मासूम सी हथिनी ,
भूख से व्याकुल,
चल पड़ी थी इंसानो की बस्ती में;
मिल जाये कुछ खाने को,
पेट में छोटी सी जान लिए,
चल पड़ी थी वो;
इंसानो की बस्ती में
मिला खाने को उसे एक अनानास;
और खाते ही उस गए
उसके प्राण अनायास;
कैसी भूख बुझ गयी उसकी
की अब कभी फिर भूख न लगेगी,
न ही हथिनी को
न ही छोटे से उसके होने वाले बच्चे को ....

5. एक नई भोर,नए साल के आने की ,

एक नई भोर,

एक नया शोर ,

एक नए साल के आने की ,

तैयारी हो रही हर ओर।।

पुलकित सा मन

हो रहा सबका ,बीत रहा ये साल

आ रहा नई उम्मीदें लेकर

ये साल नया खुशहाल।।

अनेकों ख्वाब अनेको सपने,

अनेको वादे और इक्छाऐं,

बुन रहे हैं मन में

अनेको तरंग अनेको कल्पनाएं।।

बहुत कुछ तय कर चुके

बहुत कुछ तय होना बाकी है।

कुछ कुछ प्लान है घूम कर आने का

और कुछ का तो घर जाना बाकी है ।।

इस जाते हुए साल ने

थाम दिया था जिंदगी को ।

कुछ पल अपनो से दूर तो कुछ पल अपनो के संग

बांध दिया था जिंदगी को।।

एहसास हुआ तब

इस साल ने

दिया एक सबक हम सबको
भूल रहे जो रिश्ते हम
जिंदगी की दौड़ में,
कुछ पल ठेहरकर,
फिर से समेट लो हर खुशी को।।
फिर भी ये साल जो जा रहा बहुत कुछ सीखा गया,
जो साल नया आ रहा ये भी कुछ नया सिखाएगा।
क्यूंकि
जब तक इंसान है जहां में तब तक कुछ न कुछ करेगा ही
और कुछ नया सीखता जाएगा ।
साल आता है और जाता है
पर जीवन को जीने की नई उम्मीद सिखाएगा ।।

6. लिखती हूँ

मुझे देखने वाला सुनने वाला कोई नहीं होता यहाँ,
पर फिर भी मैं लिखती हूँ ।
किसी और के लिए नहीं ,
अपने दिल अपने मन की ख़ुशी के लिए लिखती हूँ ।
अपने सपने ,अपने अरमानो का आसियान
लेकर चल रही हूँ ।
उन अरमानो और यादों की गहरी,
नरम और कर्कश बातों के लिए लिखती हूँ।
मै लिखती हूँ क्यूंकि लिखना ही मैं हूँ,
मुझमे बस एक ही बात है जो मुझे बताती है,
मैं जिन्दा हूँ अभी कुछ ख्वाबों के अंचल में,
बस इस बात को याद करके लिखती हूँ ।
बेफिक्र होकर चलती हुई हवाओं का रुख मोड़ देने के लिए,
अपने दिल की हर एक बात का सपना आज भी बुनती हूँ,
टूट रही हूँ धीरे धीरे एक डोर की तरह बिखर रही हूँ
मोती की माला जेसे फिर भी हर हाल में लिखती हूँ ।
पूछना चहाती हूँ खुद से एक सवाल जीने के लिए तो बहुत सी
वजह हैं ।
पर जिक्र हो जिसमे मेरे काम का उस वजह को ढूढ़ने की चाह में
लिखती हूँ ।

7. दंगे का असर

शांति पसरी थी चारों तरफ,
जहाँ लोग अपना काम कर रहे थे ।
बच्चे स्कूलों को जाते थे
बड़े -बूढ़े आराम कर रहे थे।
दुकानों पर सैकड़ों लोगों की भीड़ थी
चौपाल पर बैठे कुछ लोग,
जुमले गढ़ रहे थे।
बनिया सामान बेच रहा था,
डाकिए कहीं जाकर चिट्ठी पढ़ रहे थे।
सड़कों पर गाड़ियां चल रही थी।
मजदूर मजदूरी के लिए ,
अपनी बारी का इंतजार कर रहे थे।
अचानक दो पक्षों के बीच झगड़ा हो गया।
एक ने किसी को कुछ बोला,
तो दूसरे ने तलवार तान दी,
लोग देख रहे थे कि दंगा यहाँ पर तगड़ा हो गया।
एक वर्ग के लोगों ने अपना गुट बनाया
तो दूसरे कहाँ पीछे रहते,
उन्होंने भी चिल्लाकर सभी को इकट्ठा करवाया।
होने लगी मुठभेड़ यहाँ पर,
लोग एक दूसरे को मारने लगे।
एक गुट के दस बंदों को पीटा,
दूसरे के भी बीस घायल किए गए ।
इस तरह से भड़का दंगा ,

और शहर में छा गया ।
एक-एक कर सौ दुकानें जला दी गई ,
हर जगह दंगा तोड़फोड़ मचा गया।
कुछ दिनों बाद ये सब भूल गए,
कि हुआ था दंगा कभी ।
फिर शांति छा गयी,
हँसी खुशी रहने लगे सभी ।
कुछ ने अपनो को खोया,
कुछ लोगों का छीन कारोबार गया।
पर दुआ कर रहे थे यही लोग बस,
आखिर कार ये दंगा थम गया।
आज फिर देखा,
विरोध प्रदर्शन हो रहा था।
कोई बात शायद किसी अधिकारी ने ना सुनी थी।
चल रही थी मांगे ,
हो रही थी हड़ताल।
अचानक से भड़क उठा
यहां पर भी दंगे का बेताल ।
शांति में हड़ताल करने को निकले थे,
जहां कुछ लोग ।
कुछ ही क्षणों में आग लगा दी,
लोगों ने ट्रेन को रोक ।
धू-धू करके जलने लगी ट्रेन ,
हुआ सरकारी संपत्ति को नुकसान।
कुछ लोगों की जानें गई,
और कुछ को पहुँच जाना पड़ा अस्पताल।
कुछ को गिरफ्तार किया पुलिस ने,
कुछ के ऊपर कार्यवाही की।
पर कौन कहे की हड़ताल थी यह ,

किसने दंगा भड़काने की साजिश की।
छोटी-छोटी बातों पर तो,
शांति से बैठकर सोचा जा सकता था।
बिना विचारे दंगे और लड़ाई- झगड़े को,
भड़कने से रोका जा सकता था।
फिर भी क्रोध में आकर सब ने ,
आंखें मूंद ली अपनी थी ।
भाईचारे का नाम लेते लेते ,
उठाए लाठी-डंडे और तोड़ी हद अपनी थी।
क्या बिना दंगे समाधान हो सकता नहीं?
क्या लोगों के दिल में प्यार का बीज कोई बो सकता नहीं?
दंगों से क्या किसी का भला हो पाएगा?
जो बचा है आज हमारे पास,
वह भी हमसे छिन जाएगा।

8. लुटती रहेगी सरेआम अस्मत आखिर कब तक

लुटती रहेगी सरेआम अस्मत
आखिर कब तक ,आखिर कब तक ......
लुटती रहेगी
अस्मत एक औरत ...
एक बच्ची ....
एक लड़की की ....
कब तक देखते रहेंगे हम
चुपचाप ,
क्या अब दिल की भावना खत्म हो गयी है सबकी ?
हर कोई बस पोस्ट करने और शेयर करने में लगा है
यहाँ ,
ऐसे जैसे बाज़ार लगा हो ;
हद तो तब हो जाती है ,
जब गुनाह करने वाले
और गुनाह की नियत रखने वाले भी ,
गुनहगारों को सजा
देने की बात करने लगते हैं ।
एक बार जब चीख रही थी
वो आवाज जिसे बचने वाला
कोई था ही नहीं ,
या शायद कोई होकर भी
मुँह मोड़कर बैठा रहा हो ,

हम जैसे लोग बस
लिखना
और चिल्लाना जानते है |
तब भी चिल्ला रहे थे ,जब दामिनी मरी थी ।
आज भी चिल्ला रहे हैं जब
आशिफा और संस्कृति जैसी मासूमों
को हवस के भेड़ियों ने
रौंद डाला ,
क्या कसूर था उनका
और क्या कसूर है ,
हर उस लड़की औरत और बच्ची का
जिसने इस समाज का असली
रूप पहचान ही नहीं,
और वो
जी रही है अब भी नए
सपनों की चाह में
जो उसे लगता है एक दिन पूरी होगी ।
पर कब ?
ये सोचना उसे ही होगा ,
क्यूंकि डरकर जीना
उसे पड़ता है
तुम्हे नहीं ।

9. हादसा

चलते चलते ....
कभी कभी ....
अचानक से
हो जाता है
एक ऐसा हादसा
जिसकी कल्पना
करना तो दूर
कभी सोचा तक न होगा
पर अचानक ही आज
हो गया ,
मेरे साथ तो नही
उस ऑटो ड्राइवर के साथ ,
जो बच्चों को जा रहा था लेकर स्कूल
न जाने कहा से अ गयी एक ,
तेज बस
नामाकूल ....
टक्कर देकर उसने
गाडी को पलटा दिया |
कुचल दिया बच्चों को ,
सीटों से गिरा दिया |
और खड़ा हुआ भाग ,
जेसे कोई गुनहगार हो

कुछ दया तो दिखता वो
पर लगा दर्द देने वाला तलबगार वो ।
किसी ने सोचा भी ना था
ऐसा हो जायेगा"
एक पल में ही
बच्चों और उनके परिवारों
का चिराग
बुझ जायेगा "
पर अब हो भी क्या सकता था,
हुआ वो जो होना नहीं था
वो था एक हादसा ,
जो दिल दहला गया
एक पल में
मेरा.....

10. धूप और छाँव

इस धूप में साथ तुम्हारा,
किरणों की तरह लगता है।
जब- जब हवा मुझे छु कर गुजरती है,
इसमे हाथ तुम्हारा लगता है।
सर्द सी रातों में,
ठण्ड की वो ठिठुरन भी।
गर्मी का एहसास करा देती हैं,
कब गर्म रजाई में एहसास तुम्हारा लगता है।
बुँदे जब बरसती हैं,
पड़ती हैं चेहरे पर मेरे।
टप- टप करती आवाज में भी,
संगीत तुम्हारा लगता है।
सिमट कर बैठती हूँ जब भी कभी,
हर आहट को सुनती हूँ।
तो पीछे से आँखे बन्द करोगे तुम,
ये मन मेरा कहने लगता है।
जुदाई हो रही हमारे दरमियान,
तन्हाई भी बढ़ गयी है।
फिर भी सिसक रही हूँ,
इसमे भी हाथ तुम्हारा लगता है।

11. बदलते रिश्ते

दिल से जिसे माना था अपना ,
खो गया वो इस राह में ।
कभी मैने अपनी मजबूरियाँ बताई,
तो छोड़ दिया उसने अपनी पनाह से ।
बदलते गए लफ्ज़ एक एक कर,
पता नहीं चला ।
ये लफ्ज़ थे
किस किताब के ।
उतरती गयी मैं निगाह से उसकी ,
जिसकी निगाह मैं हम
कभी खुदा थे
कभी आफताब थे ।
गुमनाम सा कर दिया
साथ वो अब ,
जिसे जीने के लिए हम
बेकरार थे ।
नब्ज बनकर लहू ले जाते थे
दिल तक ,
नब्ज बनकर लहू ले जाते थे
दिल तक जो ,
पर आज हम उनके सख्त खिलाफ थे ।

12. बहुत कुछ

चलते हुए रस्ते मे ,
मिल गयी बहुत सी नयी बातें।
कुछ जुड़ गयी लम्हों में ,
और कुछ बन गयी लम्हा ही ।
फिर भी बहुत कुछ रह गया ,
और बहुत कुछ मिल गया ।
कहते रहे की चल रहा जो,
हमसे ये कहे गया ।
चलते रहो हर पल तुम ,
रुक मत जाना कहीं ।
आज जो तुम शांत हो ,
कल तो उद्विघ्न हो जाओगे ।
ठहरे हुए लम्हें से तुम ,
मोती उस जीत का चुन लाओगे ।
जो तुम्हारा ही था कभी
जिस पर लिखा था नाम तुम्हारा,
वही होगा लम्हा जो हर पल साथ रहेगा।

13. आत्मज्ञान

खुद की पहचान हो जाती है,
जब होता है आत्मज्ञान।
जान जाता है व्यक्ति स्वयं को,
मैं का रहता नही अभिमान।
मुक्ति का मार्ग मिल जाता है,
आत्ममंथन करने से।
द्वेष ओर कलह नष्ट हो जाते हैं,
ईश्वर का ध्यान करने से।
यही तो बोध कराता है ,
कर्मयोग और आत्म ज्ञान ।
स्वयं से ही जुड़ा है,
हर मनुष्य के जीवन का कल्याण। ।

14. पतंग

पतंग ने उड़ना सिखाया है ,
पर हमें कैसे ओर कहाँ उड़ना है
ये हमें खुद तय करना है।
डोरी ने जुड़े रहना सिखाया है,
पर किन लोगों से जुड़ना है
ये हमें तय करना है।
माँझे ने जोड़ना सिखाया है,
किन रिश्तों को जोड़ना है
ये हमें तय करना है।
घिरनी ने पकड़े रहना सिखाया है,
पर किस राह को पकड़ना है
ये हमें तय करना है।

15. मन की पुकार

मैं कौन हूं? मेरा वजूद क्या है ? ढूंढ रही हूं बार-बार ,

अंदर से दबी रूह दबे सपने कर रहे हैं पुकार।

बैठना कभी मैंने जाना नहीं था ,

हार जाना है मुश्किलों से यह माना नहीं था,

लड़ना ही सीखा जिंदगी से लड़ती ही रही थी।

तुझे अपने दिल के उस मुकाम को पाना भी था

फिर आज क्यों कर रही हूं

खुद से यह सवाल

मैं कौन हूं? मेरा वजूद क्या है? ढूंढ रही हूं बार-बार ।

मचल रहे हैं सपने मेरे खून में आ रहा उबाल ।

दिखाना खुद को जरूरी हो जाता है ,

बताना खुद को जरूरी हो जाता है,

जब मुश्किलों को देख मन घबराने लगता है ।

खुद को खुद ही अपना हौसला बढ़ाना होता है,

तभी तो पूछना होता है एक सवाल

मैं कौन हूं ?मेरा वजूद क्या है? ढूंढ रही हूं बार-बार ।

हर तरफ विरोध की जब उठ रही है यह चित्कार।

समझ रही हूं कि यह दुनिया मुझे रोकना चाहती है

मेरी राह पर शुलों को बिछाना चाहती है ।

रुक जाना मैंने सीखा नहीं

हार जाना मैंने सीखा नहीं है,

मेरे दिल की शक्ति पूजा यह दिखाना चाहती है ,

कि मेरा वजूद है क्या ?जिसे ढूंढ रही हूं मैं बार-बार ।

आसमा से बरसता जल भी पैदा कर रहा मेरे मन में ज्वार।

पूजा पाण्डेय (SUमाक्षिKA)

16. तुम्हे आता नही

कोई तुम्हे मंजिल मिले या नहीं
तुम हार मत मानना।
यह भूल क्यों जाते हो?
चलते चलते हार मान लेना
तो तुम्हे आता नही।
कोई तुम्हारी आवाज सुने या नही
तुम चुप मत हो जाना।
यह भूल क्यों जाते हो
कहते कहते चुप हो जाना
तो तुम्हे आता नही।
कोई तुम्हे साथ दे या नही
तुम अकेले मत होना।
यह भूल क्यों जाते हो
अकेले रहकर भी साथ छोड़ जाना।
तो तुम्हे आता नही।

17. द्वेष

तेरे मन में ये कैसी उथल पुथल
मचने लगी है ,
क्याँ अम्बार सा आने लगा है विचारों में ।
लगता है तू अब कुछ सोच रहा ,
या फंस रहा है सवालों में।
किस बात से इतना जूझ रहा
हर बात को क्याँ कोस रहा ।
वक़्त आज है कल नहीं,
फिर दबे घावो को क्याँ कुरेद रहा।
मलहम लगा ले अब उनपर
अब घड़ी शांति की मन में ला।
प्रण कर तू द्वेष भूल
माफ़ी की कड़ी मन में ला।
छोटी -छोटी सी बातों पर
बता लड़कर क्या हासिल हुआ ?
अपशब्दों से आत्मा मलिन की,
कटु वचनो का एक अम्बार भरा।
मन शांत हुआ क्या ?
मन शांत हुआ तूने क्या पूछा ये सवाल ।
नहीं पूछा इसलिए ही
मन में तेरे उठा भूचाल ।
तेरे रूठे साथी तुझे अब ,
कैसे भला अब माफ़ करें ।
खुद की गलती खुद ही की है ।

अब कौन इसका हिसाब करे?

18. लेखन को वरदान समझती हूँ

शब्दों में पिरोकर,

अपनी भावनाओं को लिखती हूँ

चलते चलते कभी रुकती, तो कभी आगे बढ़ती हूँ।

लेखन ही मेरी जिंदगी है , मेरा अभिमान है,

इसे ही तो मैं ईश्वर का दिया वरदान समझती हूँ।

संघर्षरत जीवन, लेखन का एक स्वरूप है,

बदलते हुए समाज को दर्पण दिखाना ,

कविता का एक शाश्वत रुप है।

नव सृजन होता , नवक्रान्ति है छा जाती

मलिन होती काया पर भी , कहीं छाँव तो कहीं धूप है ।

इस बात को दिल में बसाकर, बहुत से विचार लिखती हूँ।

लेखन को ही कलम की ताकत , और वरदान समझती हूँ।

अडिग विश्वास है मेरा , लेखन के हर रूप पर

काव्य , हास्य, लघुकथा, दोहा, सरोठा , छंद पर

अनेक भाव छुपकर , मन का उत्साह बढ़ाते हैं

चहरे पर लाते विषाद , कभी आनन्द ले आते हैं।

यही भावों की उमंग - तरंग लिए, सागर में उत्साह भरती हूँ।

लेखन ही जिंदगी है मेरी , इसे वरदान समझती हूँ।

अनगिनत कवि और लेखकों ने, लेखन से आज़ादी का स्वप्न गढ़ा।

अभावों में सिमटी आजादी में , नया जोश नया विश्वास भरा।

वीर मराठा शिवाजी के, सपनों को साकार करा

अंधेरों में डूबे दिलों में, रोशनी का अंबार भरा।

यही जोत, यही लौ लिए ,अंधेरे में उजाला करती हूँ।
लेखन ही जिंदगी है मेरी , इसे वरदान समझती हूँ।
बदल दिया है बहुत कुछ इसने
आज और आने वाला कल भी बदलेगा
जो आज हैं खामोश सा बैठा यहाँ
कल कलम बन ,भविष्य की तस्वीर उकेरेगा
कलम की शांति में भी उष्णता भरी पड़ी है,
इससे समाज का आईना बदलेगा।
बदलाव की चिंगारी जलाकर , नया समाज अवतरित करती हूँ
मैं आवाज बनूँ इस कलम की , इसे ही वरदान समझती हूँ।

19. आधा अधूरा साथ

तुम भले ही साथ रहो न मेरे ,
पर मेरे दिल की धड़कन
बनकर धड़कते रहोगे |
कमजोर नहीं होने दूंगी खुद
को तुम्हारे जाने के बाद,
क्यूंकि मेरे वजूद में तुम झलकते रहोगे |
इस साल ने हमे जुदा कर दिया तो क्या,
वो उन लम्हों को तो न मिटा पायेगा|
जिन पलों से जुड़ा है साथ हमारा ,
कोई इंसान तो क्या खुद खुदा भी
हमे जुदा न कर पायेगा |
माना की दर्द ही आँखों में और दिल में रहेगा हमेसा,
पर ये दर्द भी तो तुम्हारा एहसास करायेगा |
दुनिया हमे भले ही कुछ भी बोल दे ,
पर हमारे साथ को दिल से कोई मिटा नहीं पायेगा |
आज ये जो दर्द है न दिल में
कल ख़ुशी का सैलाब लेकर आएगा
तुम और मै एक न हों फिर भी
ये इश्क़ अधूरा नहीं
मुकम्मल कहलायेगा |

20. तू खुद अपना भगवान है

इंसान खुद ही समस्या है
खुद ही समाधान है
फिर भी इतना तो है ही
की वो खुद से अनजान है
एक तरफ सिमटा सा पर्वत
एक तरफ अनंत आसमान है
फिर भी इतना तो है ही
वो खुद से अनजान है
एक तरफ ठहरा सा मौसम
एक तरफ तूफ़ान है
फिर भी इतना तो है ही
वो खुद से अनजान है
कभी उथला सागर तो कभी
गर्त में छुपी खदान है
फिर भी इतना तो है ही
तू खुद से अनजान है
कभी पिंजरे मैं कैद पंछी
कभी तू अटल आवाहन है
फिर भी इतना तो है ही
तू खुद से अनजान है
कभी अँधेरे मे उलझा तू
कभी जुगुनू की चमक सा अरमान है
फिर भी इतना तो है ही
तू खुद से अनजान है

इंसान तू खुद को पहचान
क्यूंकि तू ही अपना भगवान है ।

धन्यवाद

प्रिय पाठक,

आपने इस पुस्तक को अपना स्नेह और आशीर्वाद दिया ।इसके लिए मैं आपका हार्दिक अभिनंदन करती हूँ। आशा है आपको मेरा पहला प्रयास पसन्द आया होगा ।इस पुस्तक को त्रुटिरहित बनाने का पूरा प्रयास किया गया है । यदि आपको कोई कमी या त्रुटि दिखाई दी हो या आपके कोई विचार हों तो हमें अवश्य सूचित कीजियेगा ।

आपका आशीष हमारे साथ हमेशा बना रहे । इसी प्यार और स्नेह के साथ जल्द ही मैं अपनी दूसरी पुस्तक लेकर आपके समक्ष आऊँगी ।

धन्यवाद